Wiesbaden

Sachbuchverlag Karin Mader

Fotos und Text:
Schilgen · Neumark - Wengierek

© Sachbuchverlag Karin Mader
D-28879 Grasberg

Grasberg 1999
Alle Rechte, auch auszugsweise, vorbehalten.

Übersetzungen:
Englisch: Michael Meadows
Französisch: Mireille Patel

Printed in Germany

ISBN 3-921957-36-2

In dieser Serie sind erschienen:

Aschaffenburg	Essen	Das Lipperland	Osnabrück
Baden-Baden	Flensburg	Lübeck	Paderborn
Bad Oeynhausen	Freiburg	Lüneburg	Recklinghausen
Bad Pyrmont	Fulda	Mainz	Der Rheingau
Bochum	Gießen	Mannheim	Rostock
Bonn	Göttingen	Marburg	Rügen
Braunschweig	Hagen	Die Küste – Mecklenburg-Vorpommern	Schwerin
Bremen	Hamburg	Die Küste – Ostfriesland	Siegen
Bremerhaven	Der Harz	Die Küste – Schleswig-Holstein Nordsee	Stade
Buxtehude	Heidelberg	Die Küste – Schleswig-Holstein Ostsee	Sylt
Celle	Herrenhäuser Gärten	Minden	Trier
Cuxhaven	Hildesheim	Mönchengladbach	Tübingen
Darmstadt	Kaiserslautern	Münster	Ulm
Darmstadt und der Jugendstil	Karlsruhe	Das Neckartal	Wiesbaden
Duisburg	Kassel	Oldenburg	Wilhelmshaven
Die Eifel	Kiel		Wolfsburg
Eisenach	Koblenz		Würzburg
Erfurt	Krefeld		Wuppertal

Titelbild: Hessischer Landtag

Synagoge.

Blick v. d. Schönen Aussicht.

Griechische Kapelle.

Theaterplatz.

Im Curgarten.

Kochbrunnen.

Wiesbaden, Landeshauptstadt von Hessen, hat sich als internationale Kongreßstadt, als kultivierte Kurstadt und auch als modernes Industrie- und Wirtschaftszentrum einen hervorragenden Ruf in aller Welt geschaffen. Trotz seiner modernen und zukunftsorientierten Einrichtungen und Institutionen hat diese Stadt nichts von ihrer Eleganz und von jenem Charme verloren, welche Wiesbaden schon immer zu einem Ort besonderer Atmosphäre gemacht haben. Das darzustellen soll die Aufgabe dieses Bildbandes sein − allen, die hier leben zur persönlichen Freude − allen, die diese Stadt kennenlernen möchten, zum Einstimmen.

Wiesbaden, state capital of Hessen, has created an excellent reputation for itself all over the world as an international conference city, as a cultivated health-resort city and also as a modern industrial and economic center. Despite its modern and future-oriented facilities and institutions, this city has lost none of its elegance and none of the charm that has always made Wiesbaden a place with a special atmosphere. I have made it the task of this illustrated book to present this as a personal source of pleasure to all those who live here and as an invitation to all those who wish to become acquainted with this city.

Wiesbaden, capitale du Land de Hesse, est une ville de congrès internationale, une ville d'eau cultivée mais aussi une ville industrielle moderne et un centre économique. Comme telle, elle jouit d'une excellente réputation dans le monde entier. Malgré ses institutions modernes et orientées vers l'avenir, cette ville n'a rien perdu de son élégance et de ce charme qui en fit, de tout temps, un lieu à l'atmosphère très spéciale. Ce livre illustré se propose de présenter tout cela, pour le plaisir de ceux qui vivent dans cette ville et pour que les autres apprennent à la connaître et à l'aimer.

Rund um den Marktplatz

Das neue Rathaus entstand 1887 nach Plänen Georg von Hauberissers, dem Architekten des Münchner Rathauses. Es ist einem deutschen Renaissanceschloß nachempfunden.

The new Town Hall was built in 1887 according to plans drawn up by Georg von Hauberisser, the architect who designed the Munich Town Hall. It is modelled after a German Renaissance palace.

Le nouvel Hôtel de Ville fut construit en 1887 d'après les plans de Georg von Hauberisser, l'architecte de l'hôtel de ville de Munich. Il est inspiré d'un château Renaissance allemand.

Beherrscht wird der Platz von der malerischen, fünftürmigen Marktkirche. Die neugotische Basilika wurde in Ziegelbauweise von Carl Boos errichtet und 1862 eingeweiht. Als Vorbild diente die Friedrichswerderschekirche Schinkels im Ostteil Berlins.

The square is dominated by the marvelous, five-tower Market-Church. The neo-Gothic basilica was constructed in brickwork by Carl Boos and consecrated in 1862. The Friedrichswerder Church designed by Schinkel in the eastern section of Berlin served as a model.

La Marktkirche domine la place de ses cinq tours. Cette basilique néo-gothique construite à la facon des édifices de briques est l'oeuvre de Carl Boos. Elle fut consacrée en 1862. La Friedrichswerderschekirche, oeuvre de Schinkel située dans la partie est de Berlin, lui servit de modèle.

Wiesbadens ältestes Baudenkmal ist das Alte Rathaus (oben). Das Erdgeschoß mit dem Treppenvorbau entstand 1609 im Stil der Spätrenaissance. Heute ist hier das Standesamt untergebracht. In den Räumen des ehemaligen Stadtschlosses aus dem 19. Jahrhundert residiert jetzt der Hessische Landtag (links).

Wiesbaden's oldest historical monument is the Old Town Hall (above). The ground floor with the steps in front was built in late Renaissance style in 1609. Today the Registry Office is located here. The Hessian Parliament (left) now has its home in the rooms of the former Town Palace dating from the 19th century.

Le Vieil Hôtel de ville (ci-dessus) qui abrite aujourd'hui les bureaux de l'état civil, est le plus vieux monument de Wiesbaden. Le rez-de-chaussée et l'avant-corps de l'escalier sont de style Renaissance et datent de 1609. Le parlement de Hesse siège dans l'ancien Stadt-schloß du 19e siècle (à gauche).

Ein Blick in die Marktstraße beweist: Die In
nenstadt mit ihrer Fußgängerzone lädt zum
Bummeln, Staunen und Stöbern ein. Zum be
liebten Treffpunkt hat sich der Marktbrunne
entwickelt, über den seit dem 18. Jahrhunde
ein goldener Löwe wacht.

A view of Marktstrasse is enough: downtow
Wiesbaden with its pedestrian zone is an inv
ing area for strolling around, gazing at impre
sive sights and rummaging in the shops. The
Market Fountain, watched over by a golden
lion since the 18th century, has developed in
a popular meetingplace.

Un coup d'oeil dans la Marktstraße nous en
donne la preuve: le centre-ville avec ses rues
piétonnes invite à flâner, a farfouiller, à s'ém
veiller. Le Marktbrunnen est devenu un lieu
rencontre très populaire. le lion doré de son
sommet surveille tout cela. Il date du 18e sièc

Was ist interessanter als sehen, gesehen werden, Neues entdecken, Leute treffen und vor allem auch kaufen, im Warenhaus, in der Boutique oder im Fachgeschäft. Nicht nur Wiesbadener selbst, auch viele Hunderttausende aus

What could be more interesting than seeing, being seen, discovering something new, meeting people and above all shopping, in a department store, in a boutique or in a specialty shop. Not only Wiesbaden residents themselves but

Quoi de plus intéressant que de voir et d'être vu, de découvrir les nouveautés, de rencontre des gens et, avant tout, de faire des emplette dans les grands magasins et les petites boutiques. Les habitants de Wiesbaden ne sont pa

dem Umland kommen, um das Großstadtangebot zu nutzen und sich in der Landeshauptstadt umzusehen. Hierbei sollte man aber auch Details nicht aus dem Auge verlieren, wie z.B. dieses schöne Jugendstilfenster in der Kirchgasse.

also hundreds of thousands from the surrounding area come in order to take advantage of the big city offerings and take a look around the state capital. But be careful not to overlook details, such as this lovely Art Nouveau window in Kirchgasse.

les seuls, plusieurs centaines de milliers de personnes viennent des environs pour profiter de l'offre de la grande ville et voir la capitale du land. Ce faisant, il ne faut pas négliger les détails, comme cette belle fenêtre de style 1900, située dans la Kirchgasse.

Ob Kaufrausch oder Weinplausch, ob urgemüt-
lich oder elegant – in Wiesbaden kann jeder
selig werden. In lauen Sommernächten verwandelt sich die Goldgasse in ein charmantes
Freiluft-Restaurant (oben). Die Ladenpassage
zwischen Markt und Wilhelmstraße breitet
hinter Glas und Marmor ihre Schätze aus.

Whether on a spending spree or conversing
over a glass of wine, whether in a cozy or an
elegant atmosphere – everyone can find bliss in
Wiesbaden. On pleasant summer nights Goldgasse turns into a charming outdoor restaurant
(above). The shopping arcade between the
Market and Wilhelmstrasse spreads out its
treasures behind glass and marble.

Qu'il s'agisse d'achats débridés ou de prendre
un verre entre amis dans une atmosphère cor-
diale ou élégante, tout le monde peut trouver
son bonheur à Wiesbaden. Par les chaudes
nuits d'été la Goldgasse se transforme en un
charmant restaurant en plein air (ci-dessus).
Les magasins dans les passages entre le Markt
et la Wilhelmstraße étalent leurs trésors derrière le verre et le marbre.

Ihr Name ist Programm. Die Langgasse ist genau das Richtige für die Pflasterhelden unserer Tage (oben). An die Zeit Kaiser Valentins (364–375) erinnern die Reste der römischen Stadtbefestigung. Sie wurde vermutlich nie vollendet.

Its name is always on the program. Langgasse is just the right place for those viewing the town on foot (above). The remains of the Roman town fortifications recall the times of Emperor Valentin (364–375). Presumably they were never completed.

Son nom est tout un programme. La Langga est exactement ce qu'il faut aux rois du maca dam contemporains (ci-dessus). Les vestiges des remparts romains remontent à l'époque l'empereur Valentin (364–375). Ces fortifica tions ne furent probablement jamais terminé

Das moderne Wiesbaden

Das pulsierende Leben der Stadt ist allgegenwärtig vor der großartigen Kulisse der Wilhelmstraße. Hier, wo nicht nur der Verkehr brandet und exklusive Geschäfte locken, sondern auch jährlich im Juni das Wilhelmstraßenfest stattfindet. Mit Sekt und Champagner, Austern und Hummer; ein gesellschaftliches Muß für alle, die dazugehören wollen.

The pulsating life of the city is omnipresent in the manificent setting on Wilhelmstraße. This is not only the site of bustling traffic and exclusive shops, but also of the annual Wilhelmstraße Festival in June. With sparkling wine and champagne, oysters and lobster; a social must for all those who want to be part of it.

La vie pulse devant la magnifique toile de fond de la Wilhelmstraße. Les voitures déferlent, les magasins exclusifs attirent les acheteurs et, chaque année, en juin, a lieu ici la fête de la Wilhelmstraße. Vin mousseux, champagne, huîtres et homard. Une grande réjouissance pour le beau monde.

So elegant und charmant sich Wiesbaden auch immer zeigt, so darf doch nicht vergessen werden, daß in dieser Stadt auch wissenschaftliche, kommunale und wirtschaftliche Institutionen zu finden sind, für die nur Perfektion, Präzision und Effizienz ausschlag-

As elegant and charming as Wiesbaden may display itself, it must not be forgotten that there are also scientific, municipal and economic institutions to be found in this city, for which only perfection, precision and efficiency are significant, such as in the

Quels que soient le charme et l'élégance de Wiesbaden, il ne faut pas oublier que dans cette ville se trouvent aussi des institutions scientifiques, communales et économiques pour lesquelles, seuls les critères de précision, perfection et rendement sont déterminants,

bend sind, wie z. B. in der deutschen Klinik
r Diagnostik (Bild links) oder in den vielen
dustrie- und Handelsunternehmen zwischen
hein und Taunus.

ild oben: Die Rhein-Main-Halle, Veranstal-
ngsort für Konzerte und Musicals, Eisrevuen
d Ballett, Stargalas und Varietés.

German "Klinik für Diagnostik" (picture on the
left) or in the many industrial and trade
enterprises between Rhine and Taunus.

Picture above: The Rhein-Main-Halle, site of
concerts and musicals, ice skating revues and
ballet, star galas and variety shows.

comme par exemple dans la deutsche Klinik
für Diagnostik (photo à gauche) ou dans
les nombreuses entreprises industrielles
et commerciales entre le Rhin et le Taunus.
Photo ci-dessus: le Rhein-Main-Halle. On y
donne des concerts, des "musicals", des revues
sur glace, des ballets et des spectacles de varié-
tés.

Das Kurviertel

Wiesbadens Kurviertel, auch Mittelpunkt gesellschaftlicher Ereignisse, wie Kongresse, Bälle, Konzerte, wird im wesentlichen durch Bauten geprägt, die im letzten Jahrhundert entstanden sind: die beiden Kaskadenbrunnen, das Kurhaus, heute mit Spielbank, sowie die Brunnen- und Theaterkolonnaden.

Wiesbaden's resort section, also the focal point of social events, such as conferences, balls and concerts, is essentially characterized by edifices which were built in the last century: both of the "Kaskadenbrunnen", the "Kurhaus", today with a casino as well as the spring and theater colonnades.

Le quartier des bains où ont lieu les évènements sociaux tels que congrès, bals, concerts, est caractérisé par des édifices du siècle dernier: les deux fontaines, l'établissement thermal qui possède aujourd'hui un casino de même que la colonnade du théâtre et de la source.

Das Kurhaus, ein wilhelminischer Monumentalbau von 1907, besticht heute wieder mit seiner alten Pracht: Nach viereinhalbjähriger Restaurationsarbeit wurde es 1987 wiedereröffnet. Das Foyer (links) gibt sich antik – mit Marmorstatuen und Göttern auf den Mosaikmedaillons. Auch der große Kursaal erstand wieder in altem Glanz.

The Kurhaus, a monumental Wilhelminian edifice dating from 1907, is as impressive as ever: it was reopened in 1987 after four and a half years of restoration work. The foyer (left) presents itself in ancient style – with marble statues and gods on the mosaic medallions. The large Kursaal was also restored to its former splendor.

L'établissement thermal, un édifice monumental de style wilhelmin a retrouvé son antique splendeur. Les travaux de restauration durèrent quatre ans et demi et depuis 1987 il est de nouveau en service. Le foyer (à gauche) se veut antique avec ses statues de marbre et ses médaillons de mosaïque représentant des dieux. La grande salle a, elle aussi, retrouvé son éclat d'autrefois.

Das Wiesbadener Kurhaus verbindet historische Architektur mit zeitgenössischem Komfort. Sein wohl größter Magnet ist die Spielbank, die schon früher zahlungskräftige Kunden anlockte – kein Wunder: Anfang des Jahrhunderts lebten in der Stadt die meisten Millionäre Deutschlands. Heute sammelt ein Bus einsatzfreudige Gäste ein.

Wiesbaden's Kurhaus combines historical architecture with contemporary comfort. Probably the most magnetic force is exerted by its casino, which attracted many a wealthy guest in the past; no wonder: most of Germany's millionaires lived in this city at the beginning of the century. Today a bus collects enthusiastic gamblers.

L'établissement thermal de Wiesbaden unit architecture historique et confort centemporain. Le casino en constitue la principale attraction. Jadis, déjà, il attirait les clients cossus. Rien d'étonnant à ceci puisqu'au début du siècle Wiesbaden était la ville où résidait le plus grand nombre de millionnaires. De nos jours un autobus amène les gens qui désirent jouer.

Nicht nur Kurgäste − auch Wiesbadener selbst können mitten in der Stadt, im Kurpark, hinter dem Kurhaus, zwischen den Terminen einen Moment der Ruhe genießen und Abstand von den Geschäften gewinnen.

Not only resort guests, also Wiesbaden residents themselves can enjoy a moment of peace and take a break from business in between appointments in the middle of the city in "Kurpark" behind "Kurhaus".

Non seulement les curistes, mais aussi les habitants de Wiesbaden peuvent profiter d'un moment de détente, entre deux rendez-vous et oublier les affaires, en plein milieu de la ville, dans le parc, derrière l'établissement thermal.

Kurkonzert! Elegische Musik aus Großmutters Zeit, Volksmusik aus aller Welt, die modernen Harmonien aus Musical und Schlager, Rhythmisches aus Jazz und Pop – jedes Programm findet seine Liebhaber, zur Kaffeestunde, am Sonntagmorgen oder zum Abschluß eines schönen Tages.

What about a concert? Elegiac music from grandmother's day, folk music from all over the world, modern melodies from musicals and hits, jazz and pop rhythms – every program finds its fans, at coffee time, on Sunday morning or at the end of a beautiful day.

Concert en plein air du dimanche matin ou pour conclure une belle journée: musique élégiaque du temps de nos grands-mères, musique populaire du monde entier, refrains à la mode, rythmes de jazz et de musique pop. Tous les goûts sont représentés.

ank weitläufiger Grünanlagen und Waldge-
ete gilt Wiesbaden als grünste Stadt Deutsch-
nds. Auch der Kurpark gehört dazu, der
itte des 19. Jahrhunderts in englischem Stil
u gestaltet wurde. Barocke Wasserbecken,
te und moderne Denkmäler sorgen hier für
izvolle Gegensätze.

hanks to expansive park grounds and forest
eas, Wiesbaden is considered to be Ger-
any's greenest city. One of these green areas
Kurpark, which was redesigned in English
yle in the mid-19th century. Baroque water
asins as well as old and modern monuments
rovide attractive contrasts here.

iesbaden est considérée comme la ville la
us verte d'Allemagne à cause de ses régions
oisées et de ses vastes parcs. Parmi eux, le
arc de l'établissement thermal redessiné au
ilieu du 19e siècle dans le style des jardins à
anglaise. Des bassins baroques et des monu-
ents modernes créent des contrastes fas-
nants.

Schon die alten Römer

Schon die alten Römer wußten, daß die heiße
Quellen Wiesbadens der Gesundheit dienen -
gleich ob man ihr heilendes Wasser zum Bade
oder für eine Trinkkur nutzt.
Bild rechts: Wiesbadens bedeutendste Quelle
der Kochbrunnen. Aus 2000 m Tiefe sprudelt
67 °C heißes Wasser empor.
Bild links: Warmer Damm, eine Oase der Ru
zwischen Kurplatz und Wilhelmstraße.

The ancient Romans already knew that Wiesbaden's hot springs were a health aid – wheth
one bathes in its healing water or uses it as a
health drink.
Picture on the right: Wiesbaden's most impor
tant spring, "Boiling spring" ("Kochbrunnen"
Hot water having a temperature of 67 °C bub
bles up from a depth of 2000 m.
Picture on left: Warmer Damm, an oasis of
tranquillity between Kurplatz and Wilhelmstraße.

Les romains savaient déjà que les sources
chaudes de Wiesbaden avaient des vertus thé-
rapeutiques – qu'on se baigne dans l'eau ou
qu'on la boive.
Photo à droite: la plus importante source ther
male de Wiesbaden, le Kochbrunnen. D'une
profondeur de 2000 m jaillit une eau dont la
température est de 67 °C.
Photo à gauche: Warmer Damm, une oasis de
paix entre Kurplatz et Wilhelmstraße.

ier dreht sich alles um den Kochbrunnen.
)as frühere Kurzentrum am Kranzplatz hat
ch in eine hübsche Grünanlage verwandelt.
leich nebenan im liebevoll restaurierten
uelltempel (links) kann man die Heilkraft
es Wassers testen.

Everything here revolves around Kochbrunnen.
The former spa center at Kranzplatz has been
transformed into a lovely green area. Right
next door, in the lovingly restored Quelltempel
(left), you can test the healing power of the
water.

Ici, tout gravite autour du Kochbrunnen. L'ancien Kurzentrum de la Kranzplatz s'est trans-
formé en un joli parc. Tout près, dans le temple
de la source restauré avec amour (à gauche),
on peut vérifier les vertus de l'eau.

Wiesbadens modernstem Thermalbad im
ukammtal, welches ebenfalls sein Wasser von
er Kochbrunnenquelle bezieht, kann man bis
ät in den Abend entweder innen, umgeben
n einer raffiniert beleuchteten Innen-
chitektur oder bei Sonnenschein auch unter
eiem Himmel baden.

In Wiesbaden's most modern thermal baths in
Aukammtal, which also receive their water
from the boiling spring, one can bathe either
inside, surrounded by sophistically illuminated
interior architecture, or outside in the sunshine
until late in the evening.

A Aukammtal, dans la piscine la plus moderne
de Wiesbaden, laquelle tire également son eau
de la source bouillante, on peut se baigner
jusqu'à tard le soir, soit à l'intérieur, entouré
d'une architecture et d'un éclairage raffinés,
soit en plein air, lorsqu'il fait beau.

Mit Wasser ständig auf Tuchfühlung ist man nicht nur im Aukammtal (oben). Wem der Sinn nach einem römisch-irischen Dampfbad steht, sollte den Besuch im stilvollen Kaiser-Friedrich-Bad von 1913 nicht versäumen.

Not only in Aukammtal (above) are you in constant contact with water. Those interested in a Roman-Irish steam bath should not miss a visit to the stylish Kaiser-Friedrich Baths from 1913.

L'eau est partout présente et pas seulement dans l'Aukammtal (ci-dessus). Qui a envie d'un bain de vapeur romain-irlandais doit absolument se rendre dans le Kaiser-Friedrich-Bad de 1913.

Fassaden sprechen

Fassaden sprechen für ihre Zeit, das ist in jeder Stadt so. Aber selten zeigt sich ein so spezifischer Kontrast wie hier. Ein ganzer Stadtteil wird durch den gutbürgerlichen Wohnhausstil der Jahrhundertwende geprägt, während überall Bauwerke modernster Architektur aus Glas, Beton oder Aluminium entstehen, ohne das gewachsene Stadtbild zu stören.

Facades speak for their times, that is the same in every city. However, rarely does such a specific contrast exhibit itself as here. An entire city section is characterized by the middle class style of housing of the turn of the century while buildings of the most modern architecture appear everywhere in glass, concrete or aluminium without disturbing the long-developed panaroma of the city.

Les façades nous parlent de l'époque à laquel elles furent construites, c'est le cas dans chaq ville. Il est rare, cependant, qu'elles offrent autant de contrastes qu'ici. Toute une partie la ville est caractérisée par le style cossu du début du siècle, tandis que, partout, ont surgi les édifices les plus modernes de verre, de béton et d'aluminium, sans que l'harmonie d styles en soit détruite.

Wiesbaden – das Paradies für Antiquitäten-
sammler. Es wäre leichter aufzuzählen, was es
hier nicht gibt. In vielen kleinen und großen,
spezialisierten und universell ausgerichteten
Antiquitätengeschäften (und auch Trödler-
läden) kann man manch gutes Stück finden,
das man vielleicht schon lange gesucht hat.
Das Glas Wein anschließend läßt vergessen,
daß man schon wieder viel zu viel Geld
ausgegeben hat.

Wiesbaden – a paradise for antique collectors.
It would be easier to list what does not exist
here. In the many small and large, general and
specialized antique shops (and also second-
hand goods shops), one can find objects that
one has perhaps long sought after. The glass
of wine afterwards lets you forget that you have
once again spent much too much money.

Wiesbaden – le paradis des amateurs
d'antiquités. Il serait plus facile de dire ce
qu'on ne peut pas trouver ici. Chez les
antiquaires (et les brocanteurs), petits et
grands, spécialisés ou non, on peut faire
maintes bonnes trouvailles, peut-être quelque
chose que l'on cherche depuis longtemps.
Là-dessus, un petit verre de vin fera oublier
qu'on a encore dépensé trop d'argent.

In der Ringkirche (1892 – 94) wurden nach dem sogenannten „Wiesbadener Programm" Altar, Kanzel und Orgel an „einer" Seite vereinigt. Ihr Standort, in der Kreuzung zweier wichtiger Straßenführungen, macht sie zu einem unübersehbaren Markierungspunkt.
Die St. Bonifatius-Kirche (1844 – 49) ist der erste neugotische Kirchenbau Wiesbadens. St. Bonifatius ist eine dreischiffige Hallenkirche mit Querschiff, Chorumgang und zwei Westtürmen, die zum Luisenplatz ausgerichtet sind.

In "Ringkirche" (1892 – 94) altar, pulpit and organ were united on "one" side according to the "Wiesbadener Programm". Its location at the intersection of two important streets makes it a landmark that is difficult to overlook.
St. Bonifatius Church (1844 – 49) was Wiesbaden's first neo-Gothic church edifice. St. Bonifatius is a three-nave church with transept, choir ambulatory and two west towers which are aligned to Luisenplatz.

Dans la Ringkirche (1892 – 94), l'autel, la chaire et l'orgue furent réunis sur "un seul" côté, selon "le programme de Wiesbaden". Située à l'intersection de deux artères importantes, cette église est un des points de repère de la ville.
L'église Saint-Boniface (1844 – 49) est la première église de style néogothique de la ville. C'est une église à trois nefs, avec transept, déambulatoire et deux tours, à l'ouest, qui dominent la Louisenplatz.

Wiesbaden kulturell

Die Opern-, Ballett- und Theaterinszenie-
rungen des Hessischen Staatstheaters haben
weit über die Landesgrenzen hinaus
Beachtung und Anklang gefunden. Hier kann
man noch in repräsentativer Umgebung einen
festlichen Theaterabend erleben, der vielerorts
schon zum Alltagserlebnis reduziert wurde.

The opera, ballet and theater performances of
the Hessen State Theater have found notice
and approbation far beyond the state borders.
Here one can still experience a festive evening
of theater in representative surroundings,
something which in many places has already
been reduced to an everyday event.

Les mises en scènes d'opéra, de ballet et de
théâtre ont suscité la faveur du public
et l'intérêt bien au-delà des limites de la Hesse.
Ici, dans un décor fastueux et une atmosphère
de gala, une soirée au théâtre est encore une
expérience toute spéciale, alors qu'elle n'est
devenue, dans la plupart des cas, qu'une
distraction quelconque.

gendwo finden immer wieder kleine zeitlich egrenzte Sonderausstellungen statt, wie z.B. in er Brunnenkolonnade oder Theaterkolonna- e, die sonst nur zum Genuß von Heilwasser, itunter auch bei Kurmusik, oder zum Tanztee inladen.

There are always small, special exhibitions taking place somewhere for short periods of time, such as here in the Brunnenkolonnade and Theaterkolonnade, which otherwise only attracts people wishing to enjoy the healing water, sometimes accompanied by music, or tea-time dancing.

On trouve toujours quelque part de petites expositions pour des durées limitées, comme ici, dans la galerie de la source. D'habitude, elle invite à déguster l'eau, peut-être en écoutant le concert en plein air ou bien elle abrite un thé dansant.

Wie zu einem Tempel steigen Besucher ins hessische Landesmuseum empor, das 1915 vollendet wurde. Malerei und Plastik, naturwissen-
schaftliche Exponate sowie die Sammlung
nassauischer Altertümer (Bild folgende Seite)
sind hier unter einem Dach vereint.

Visitors climb up to the Hessian State Museum
as if entering a temple. The museum was completed in 1915 and displays a combination of
paintings, sculptures, natural science exhibits as
well as a collection of Nassau antiquities under
one roof (picture on following page).

Les visiteurs montent au musée du land de
Hesse comme s'ils se rendaient à un temple.
Celui-ci abrite sous le même toit des peintures,
des sculptures, des expositionstions relatives
aux sciences naturelles de même que la collection d'antiquités de Nassau (photo de la page
précédente). Il fut terminé en 1915.

Wiesbaden am Wochenende

Eingebettet in eine bezaubernde Landschaft bietet Wiesbaden eine Fülle von Ausflugsmöglichkeiten in die nahe oder weitere Umgebung. Wie wäre es z.B. mit einer Fahrt zum Neroberg?

Situated in a charming landscape, Wiesbaden offers a wide variety of excursion possibilities to the nearby or distant surrounding area. How about a trip to Neroberg, for instance?

Dans ce paysage enchanteur, on peut faire bien de excursions, plus ou moins loin de la ville. Que diriez-vous, par exemple, d'un tour à Neroberg?

Der Aussichtstempel (1851 errichtet) und die griechische Kapelle (1847 – 55), die für die jung gestorbene nassauische Herzogin Elisabeth, eine geborene russische Großfürstin gebaut wurde, sind „die" beiden beliebten Ausflugsziele auf dem Neroberg.

The "Aussichtstempel" (built in 1851) and the Greek chapel (1847 – 55), which was built for the Nassovian Duchess Elisabeth (who died young), born a Russian grand duchess, are "the" most popular excursion destinations on Neroberg.

Le belvédère (1851) et la chapelle orthodoxe (1847 – 55) sont les deux buts d'excursion préférés. Cette chapelle fut construite pour la duchesse Elisabeth de Nassau, morte prématurément et qui était née grande duchesse de Russie.

Badespaß mit Aussicht garantiert im Sommer das Opelbad auf dem 245 Meter hohen Neroberg – ein einmaliges Erlebnis. Wo sonst kann man schon so hoch über den Dächern einer

The Opelbad on the 245-meter high Neroberg guarantees bathing fun with a view in summer – a unique experience. Where else can you slide into the water so high above the rooftops of a

L'Opelbad situé sur le Neroberg, haut de 245 mètres, permet, en été, d'unir les joies de la baignade à une vue magnifique – une expérie ce unique en son genre. Dans quel autre endr

tadt ins Wasser rutschen? Noch sportlicher eht's im Schiersteiner Hafen zu, wo Segler nd Paddler auf ihre Kosten kommen.

city? Even sportier activities are offered in Schiersteiner Harbor, where sailing enthusiasts and canoeists get their money's worth.

it peut-on, en effet, glisser dans l'eau au-dessus des toits de la ville? Dans le port de Schierstei-ner on est encore plus sportif. Les amateurs de voile et de pagaie y sont à la fête.

Warum ist es am Rhein so schön? Weil man im Frühjahr, Sommer und Herbst mit den großen weißen Schiffen der Rheinflotte in „See stechen" kann – von Basel bis nach Rotterdam, weil aber auch im Spätherbst Eltville, Aßmannshausen oder Rüdesheim zur Weinlese einladen.

Why is it so beautiful on the Rhine? Because one can "put out to sea" in the large white ships of the Rhine fleet in spring, summer and autumn – from Basel to Rotterdam – but also because Eltville, Assmannshausen or Rüdesheim invite you to the wine harvest in late autumn.

Pourquoi est-ce si beau sur les bords du Rhin? Parce qu'on peut, au printemps, en été, et en automne "piquer vers la mer", de Bâle jusqu'à Rotterdam, avec les grands bateaux blancs de la flotte du Rhin et aussi parce que, en automne, Eltville, Aßmannshausen ou Rüdesheim invitent aux vendanges.

Liebhaber kultureller Kostbarkeiten werden
ern Schloß Biebrich besuchen, eine fürstliche
Barockresidenz an den Ufern des Rheins
n Ortsteil Biebrich. Im Schloßgarten werden
u Pfingsten international anerkannte Reit-und
pringturniere ausgetragen – im Sommer
nden hier Freilichtaufführungen statt.

Lovers of cultural exquisiteness will enjoy
visiting Schloss Biebrich, a princely baroque
residence on the banks of the Rhine in the
locality of Biebrich. Internationally recognized
riding and jumping competitions are held in
the palace garden at Whitsuntide – in the
summer outdoor performances take place here.

Le château de Biebrich, une résidence
princière de style baroque sur les rives du
Rhin, dans le district de Biebrich, est un joyau
pour tous ceux qui s'intéresse à la culture.
Dans le parc ont lieu, à la Pentecôte, des
concours hyppiques de réputation
internationale. En été ont lieu, ici, des
représentations en plein air.

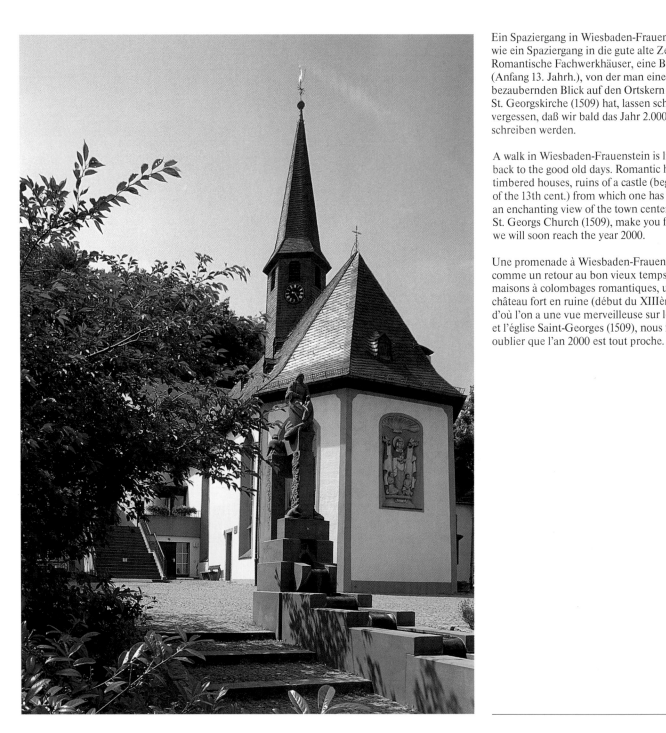

Ein Spaziergang in Wiesbaden-Frauenstein ist wie ein Spaziergang in die gute alte Zeit. Romantische Fachwerkhäuser, eine Burgruine (Anfang 13. Jahrh.), von der man einen bezaubernden Blick auf den Ortskern mit der St. Georgskirche (1509) hat, lassen schnell vergessen, daß wir bald das Jahr 2.000 schreiben werden.

A walk in Wiesbaden-Frauenstein is like a walk back to the good old days. Romantic half-timbered houses, ruins of a castle (beginning of the 13th cent.) from which one has an enchanting view of the town center with the St. Georgs Church (1509), make you forget that we will soon reach the year 2000.

Une promenade à Wiesbaden-Frauenstein est comme un retour au bon vieux temps. Des maisons à colombages romantiques, un château fort en ruine (début du XIIIème siècle) d'où l'on a une vue merveilleuse sur le village et l'église Saint-Georges (1509), nous font vite oublier que l'an 2000 est tout proche.

Kenner, die die Ruhe suchen, die allein sein möchten, weitab vom Lärm unserer Zeit, finden in Hochheim, dem Tor zum Rheingau, reichlich Gelegenheit zum Wandern, Rad-fahren, zum Verweilen.
Aber auch für Familien mit dem jüngeren Nachwuchs, die gern im Stadtbereich bleiben wollen, ist gesorgt: das Tiergehege in der „Fasanerie", der Spielplatz gleich nebenan oder ein Picknick in den Reisinger Anlagen ist noch viel schöner als das weiteste Ziel.

Those familiar with the area who are seeking peace, wishing to be alone, far away from the noise of our times, will find plenty of opportunity to hike, to bicycle or just to linger in Hochheim, the gate to Rheingau.
However, provision has also been made for families with young children: the zoological garden in the "Fasanerie", the playground next to it or a picnic on the Reisinger grounds is much nicer than the most distant destination.

Ceux qui aiment le calme, qui veulent être seuls, loin du bruit de la foule, iront à Hochheim, la porte sur la Rheingau. Là, ils pourront se promener, faire du vélo, musarder. On a pensé aussi aux familles avec de jeunes enfants qui préfèrent rester dans la ville: le jardin zoologique dans la "Fasanerie", le ter-rain de jeu, juste à côté, ou un pique-nique dans les jardins Reisinger sont bien agréable que la plus lointaine des excursions.

Chronik

1 n.Chr.
Plinius d.J. erwähnt die Heilquellen
ca. 41–54 n.Chr.
Römische Kastellbauten seit Kaiser Claudius
ca. 81–96 n.Chr.
Steinkastell auf dem Heidenberg
364–375
Unbefestigte römische Stadt und Badeort „Aquae Mattiacorum"
829
Erstmalig als Wisibada erwähnt
Seit 1215
üben die Grafen von Nassau herrschaftliche Rechte aus
Vor 1241
Stadtrecht
Seit 1233
Badeleben (der Kochbrunnen existiert schon längst)
Seit dem 13. Jahrhundert
Reichslehen der Grafen von Nassau und Nassauische Nebenresidenz
1701
Mit dem Bau des Biebricher Schlosses wird begonnen
Seit 1744
Regierungssitz der Linie Nassau–Usingen
Seit 1816
Regierungssitz Herzogtum Nassau
Ab 1808
Kurhausviertel als klassizistische Anlage
1828–1830
Vergrößerung der Stadt nach Süden
1852
Weltkurstadt
1840–1866
Wiesbaden wird Residenz
1866
Wiesbaden wird preußisch
Nach 1870
Entwicklung zur Großstadt
1945
Hessische Landeshauptstadt
1947
Eröffnung der Spielbank
Das Opernhaus wird wieder eröffnet
1950
Theodor-Heuss-Brücke nach Mainz fertiggestellt
1962
Einweihung der Rheinbrücken Wiesbaden–Schierstein und Mainz–Weisenau
1965
Königin Elisabeth die II. besucht Wiesbaden
1974
Vorläufige Fertigstellung der Fußgängerzone
1976
Eröffnung des Thermalbades im Aukammtal
1978
Erweiterungsbau des Staatstheaters fertiggestellt
1988
272 000 Einwohner
1991
Einweihung:
Hessisches Ministerium für Umwelt und Reaktorsicherheit

Chronicle

1 A.D.
Plinius the Younger mentions the healing springs
About 41–54 A.D.
Roman fortification edifices since Emperor Claudius
About 81–96 A.D.
Stone fortifications on Heidenberg
364–375
Unfortified Roman city and bathing site "Aquae Mattiacorum"
829
Mentioned for the first time as "Wisibada"
Since 1215
The Counts von Nassau exercise sovereign rights
Before 1241
City rights
Since 1233
Bathing ("Boiling Spring" has already existed a long time)
Since the 13th century
Feudal tenure of the Counts von Nassau and Nassovian additional residence
1701
Beginning of construction of Biebrich Schloß
Since 1744
Governmental seat of the Nassau–Usingen line
Since 1816
Governmental seat of Nassau Duchy
As of 1808
Health resort section as classicist area
1828–1830
Enlargement of the city toward the south
1852
International health resort city
1840–1866
Wiesbaden becomes capital
1866
Wiesbaden becomes Prussian
After 1870
Development toward becoming a big city
1945
Hessian state capital
1947
Opening of the casino. The opera is reopened
1950
The Theodor-Heuss bridge leading to Mainz is completed
1962
The bridges on the Rhine Wiesbaden–Schierstein and Mainz–Weisenau are inaugurated
1965
The Queen Elisabeth II visits Wiesbaden
1974
The pedestrian zone is temporarily completed
1976
Opening of the thermal bath in Aukammtal
1978
Enlargement of the Staatstheater
1988
272.000 inhabitants
1991
Inauguration of Hesse Ministry of the Environment and Reactor Safety

Histoire

L'an 1 de notre ère
Pline le Jeune mentionne les sources thermales
Vers 41–54
Sous l'empereur Claude, construction d'un "castellum"
Vers 81–96
Chateau fort de pierre sur le Heidenberg
364–375
Ville romaine non fortifiée et station thermale "Aqua Mattiacorum"
829
Mentionnée pour la première fois sous le nom de Wis bada
A partir de 1215
Les comtes de Nassau exercent leurs droits seigneuriaux sur Wiesbaden
Avant 1241
La ville obtient une charte
Depuis 1233
Station thermale active (le Kochbrunnen existe depuis longtemps)
A partier du XIIIème siècle
Fief des comtes de Nassau et lieu d'une résidence secondaire
1701
On entreprend la construction du château de Biebrich
A partir de 1744
Siège du gouvernement des Nassau–Usingen
A partir de 1816
Siège du gouvernement du duché de Nassau
A partir de 1808
Le complexe du quartier des bains est construit dans le style classique
1828–1830
Aggrandissement de la ville vers le sud
1852
Ville d'eau de réputation internationale
1840–1866
Wiesbaden devient une résidence princière
1866
Wiesbaden devient prussienne
Après 1870
Wiesbaden devient une grande ville
1945
Devient capitale de la Hesse
1947
Ouverture du casino. Récouverture de l'opéra
1950
Le pont Theodor-Heuss en direction de Mainz est complété
1962
Inauguration des ponts sur le Rhin Wiesbaden–Schierstein et Mainz–Weisenau
1965
Visite de la reine Elisabeth II à Wiesbaden
1974
La zone piétonne est temporairement complétée
1976
Ouverture du bain thermal à Aukammtal
1978
Aggrandissement du théâtre d'état
1988
272000 habitants
1991
Inauguration du ministère de Hesse pour l'environnement et la sécurité des réacteurs